글 김현수

인하 대학교 공과 대학과 Columbia College Chicago 영화과를 졸업한 뒤
만화계에 입문했습니다. 주요 작품으로는 《who? 그레고어 멘델》(공동 작업),
《who? 오리아나 팔라치》, 《who? 스페셜 조성진》 등이 있습니다.

그림 유희석

다양한 책의 그림을 그리고 있으며, 2006년에는 웹진 〈만끽〉 웹툰 공모전에서 금상을
수상하고 연재했습니다. 작품으로는 학습 만화 《단테의 신곡》, 《만화 문화유산답사기》,
《why? people 유일한》, 《why? 빅데이터》, 《도티&잠뜰: 천재 해커의 비밀》
《쿠키런 과학상식 시리즈》, 《보물섬》, 《who? 스페셜 봉준호》 등이 있습니다.

감수 나희선

대한민국 게임 콘텐츠 유튜브 채널 최초로 250만이 넘는 구독자를 보유한
명실상부한 대한민국 최고의 크리에이터이자 샌드박스 네트워크의 공동 창업자 겸
최고 콘텐츠 책임자입니다. 10대를 위한 새로운 놀이 문화를 만드는 데 기여하며,
크리에이터가 성장할 수 있는 창작 생태계를 조성하는 데 앞장서고 있습니다.
현재 예능 및 교양 등의 다양한 TV 프로그램과 네이버 오디오의 DJ로 활약하고 있습니다.

who? special 도티

글 **김현수** | 그림 **유희석** | 감수 **나희선**

다산
어린이

세상을 더 나은 곳으로 만든 사람들의 이야기

어린이들은 자라면서 수많은 궁금증을 가지게 됩니다. 그중에서도 "저 사람은 누굴까?"라는 질문은 종종 아이들의 머릿속을 온통 지배해 버리기도 합니다. 다산어린이에서 출간된 《who?》 시리즈는 그런 궁금증을 해결해 주기 위해 지구촌 다양한 분야의 리더들을 소개하고 있습니다.

《who?》 시리즈에 등장하는 인물들은 인종과 성별을 넘어 세상을 더 나은 곳으로 만든 사람들입니다. 어린이들은 이 책에서 디지털 아이콘으로 불리는 스티브 잡스는 물론 니콜라 테슬라와 같은 천재 발명가를 만날 수 있습니다.

책 속 주인공들의 어린 시절 이야기를 통해 기쁨과 슬픔, 도전과 성취감을 함께 맛보고, 그들과 함께 성장하면서 스스로 창조적이고 인류에 도움이 되는 사람이 되겠다는 포부와 자신감을 갖게 될 것입니다. 《who?》 시리즈 속에서 다채롭고 생동감 넘치는 위인들의 이야기를 만나 보세요.

에드워드 슐츠 Edward J. Shultz
하와이 주립 대학교 언어학부 교수

에드워드 슐츠 하와이 주립 대학교 언어학부 교수는 동 대학의 한국학센터 한국학 편집장을 역임한 세계적인 석학입니다.

★★★★★

4

마이린TV | 최린
다이아TV 소속 청소년 크리에이터

★★★★★

100만 명이 넘는 구독자를 보유한
다이아TV 소속 청소년 크리에이터.
유튜브 콘텐츠를 기획하고 편집하며
또래 친구들과 소통합니다.

도티 님이 전하는
긍정과 희망의 메시지

안녕하세요. 청소년 크리에이터 마이린입니다.

　2015년 여름, 제가 초등학교 3학년 때 유튜브 교육 프로그램에서 처음으로 도티 님을 만났습니다. 이후 크리에이터라는 꿈을 키우기 위해 열심히 노력하는 제게 도티 님은 언제나 응원과 격려를 아끼지 않았습니다. 도티 님의 밝고 선한 에너지는 저뿐만 아니라 모든 청소년들에게 긍정적인 희망의 메시지로 다가옵니다.

　저와 많은 친구들이 《who?》 시리즈를 보며 세상을 바꾼 인물들의 감동적인 이야기를 접하고 꿈을 키웠어요. 우리들의 롤 모델인 도티 님을 《who?》 시리즈로 만나게 되어 정말 기쁩니다. 이 책에는 우리가 몰랐던 도티 님의 어린 시절과 학창 시절의 고민, 지금의 도티 님이 있기까지 엄청난 노력들이 담겨 있어요. 진로에 대해 고민 중인 친구들, 그리고 크리에이터를 꿈꾸는 친구들에게 도티 님의 이야기는 분명 좋은 안내서가 될 거예요!

차례

6년 동안 하루도 빠짐없이 유튜브에 게임을 비롯한 다양한 콘텐츠 영상을 올리며 팬들과 소통해 온 크리에이터가 있습니다.

안녕하세요.
이제 시작하면
될까요?

실시간 카운트다운
아이디어 진짜
좋은 것 같아요.

맞아요.
괜히 초통령이
아니라니까요.

지금 여기 나를 있게 해 준
고마운 팬들……

꼬옥

안녕하세요.
도티입니다!

초등학생들의 대통령으로 불리며 한국 게임 채널 최초로
유튜브 구독자 200만 명을 돌파한 '도티'입니다.

오늘은 200만 구독자 실시간 카운트다운 방송 입니다!

시작한다!

야, 밀지 마.

도티 님, 파이팅!

올라가라!!!

파이팅>_<

도티 님, 200만 가자!

미리 축하축하♡

아, 숫자가 올라가고 있습니다!

7, 8, 9,

1,999,988

○ 1장 ×

세상은 넓고 놀 것은 많다

> "
> 오락실도 있고,
> 노래방도 있고,
> 만화방도 있고,
> 제가 좋아하는 건
> 다 있잖아요!
> "

휘둥그레~

어⋯⋯?

희선아.

수-

도티의 본명은 나희선입니다.

엄마!
여기가 우리
집이에요?

그래. 오늘부터
우리가 살게 될 곳이야.
지금은 낯설고 불편하겠지만
금방 익숙해질 거야.

이 날은 부모님의 이혼으로 어머니와 둘이 살던 도티가 새로운 아버지와
함께 성남시의 어느 상가에 있는 집으로 이사하는 날이었습니다.

너무 좋아요!
마음에 쏙 들어요!

그래?

오락실도 있고,
노래방도 있고,
만화방도 있고,
제가 좋아하는 게
다 있잖아요!

척

그렇구나.
네가 좋다니까, 엄마도
마음에 쏙 드는걸!

씨익-

안녕!

안녕!

난 희선이야.
나희선. 너희
이 동네 살아?

응. 난 김준영이야.

반가워. 난 박소희.
오늘 이사 왔어?

응. 바로
이 건물로!

그럼 오락실
같이 갈래?

가서 재밌게 놀아.
정리 끝나면 엄마가
데리러 갈게.

가자!

가자!

흐뭇~

너 게임 진짜 잘한다.

짱

그래, 그렇게 하면 돼.
하하하.

아빠
아빠

어, 어,
놓으면
안 돼요!

이제 뭐 하고 놀까?

난 집에 가서
엄마 도와 드려야겠어.

저 왔어요.

왜 벌써 오니?

책 정리해야 한다는 걸 깜빡했어요.

엄마가 할 테니 넌 나가서 친구들이랑 더 놀다가 와.

내 책이니까 내가 정리할 거예요. 그래야 놀 때도 신나게 놀 수 있어요.

스윽

20

내일 봐요!

도티의 어머니는 뜨개옷을 만드는 공장에 다니며 일하셨습니다.

희선아~!

어? 엄마다.

휙~

더 놀다가 들어올래?

아니요. 충분히 놀았어요. 엄마랑 같이 집에 갈래요.

얘들아!
오락실은
내일 가자.
안녕!

그래. 내일 만나~!

잘 가~

안녕~

오늘 저녁은
떡볶이 만들어
주세요.

그럴까?
슈퍼에 가서 얼른
재료 사 올게.

제일 ...임타운

(주)뷰티 화장품   HMT

저도 같이 갈래요.

23

아, 다 읽었다!

탁

이번엔 뭘 읽을까?

이건 봤고, 이것도 봤고, 저것도….

따르릉

여보세요?

누구지?

내일 일요일이라고 이모가 놀러 오라는데 갈래?

와~

진짜요? 너무 좋아요!

희선이가 벌써 신났어.

OK~

이모네 집에는 책이 더 많으니까 재미있는 걸 골라 읽어야지.

헤~

I'm happy

그래, 그럼 내일 보자.

책을 좋아하는 어머니의 영향으로 어려서부터 책 읽기를 즐겨 했던 도티는 책이 많은 이모네 집에 가는 걸 좋아했습니다.

??

첫.

너 왜 게임 하다 말고
그냥 가는 거야?

이제 재미없어.

희선이가 게임을
너무 잘해서 매번
지니까 그렇지?

그런 거 아니야!

히죽ㅡ

으이구, 너도
좀 져 주고 그래라.

져 주다니!
그런 거 아니라니까?

뜨끔

26

일부러 져 주면 준영이가 더 재미없을 텐데?

계속 지는 준영이가 불쌍하지도 않냐?

나는 집에서 희선이한테 없는 게임기 할 거다!

앗

……

실수

야! 갑자기 그런 얘기는 왜 하냐?

이그

어렸을 적 집안이 경제적으로 여유롭지 않았지만 도티는 즐겁게 노는 자기만의 방법을 터득했습니다.

괜찮아. 나는 게임기 없어도 신나게 놀 게 많으니까.

사실 소희 말이 맞아. 희선이가
계속 이겨서 그만⋯⋯. 나도 같이 놀래!

네가 잘할 때도
있잖아. 그럼 이제
우리 뭐 하고 놀까?

희선이구나.

도티가 사는 상가에 있던 노래방 주인아주머니는 평소 노래와 춤을
좋아하는 도티를 귀여워하셨습니다. 손님이 없는 낮에 종종 도티에
게 노래방에서 노래를 부를 수 있게 해 주기도 하셨습니다.

안녕하세요.
아줌마.

꾸벅

안녕? 희선이 친구들
이랑 노래방에 와서
노래하고 갈래?

노래요?

애들아

좋아요!

아싸

신난다

그럼
올라가자.

네

희선이네 엄마한테
아줌마가 연락할게.

네, 감사합니다!

흔들

흔들

다음은 희선이가 읽어 볼까?

네, 선생님!

이쪽이야!

하 하 하

탁 탁 탁

부모님의 이혼과 어려운 집안 형편 때문에 혼란스러울 수도 있었지만 도티는 책 속에서 지혜를 찾고, 친구들과 신나게 뛰어놀며 밝고 긍정적인 모습으로 성장할 수 있었습니다.

미디어의 변화

미디어란 정보를 전달하는 수단을 말합니다. 사람들은 미디어를 통해 다른 사람에게 자신의 생각을 전달하면서 하나의 문화를 형성합니다. 그렇다면 오늘날의 미디어와 문화는 어떻게 변화하고 있을까요?

하나 전통적인 매스 미디어

신문, 라디오, TV, 잡지, 광고처럼 정보를 한꺼번에 많은 사람에게 전달하는 대중 매체를 말합니다. 지금과 같은 기술이 발달하기 전에는 말 혹은 편지를 이용해 일대일로 정보를 전달했습니다. 전통적인 매스 미디어인 신문은 평등한 선거권이 주어지며 정치의 대중화가 형성되던 시기에 발달했습니다. 한 사람, 또는 특정 단체가 대상이 정해지지 않은 다수에게 정보를 전달할 수 있게 된 것이지요. 20세기 초반에는 전자 기술의 발달로 라디오와 TV가 등장하며, 매스 미디어의 주류로 자리 잡았습니다. 이를 통해 많은 사람들이 같은 정보와 비슷한 생각을 공유하면서 대중문화가 꽃피우기 시작했습니다. 그러나 매스 미디어는 일방적으로 정보를 전달하고 받아들이는 방식이기 때문에 소수의 의도대로 정보가 꾸며질 수 있는 단점이 존재합니다.

둘 오늘날의 뉴 미디어

인터넷이 발달하면서 오늘날의 미디어는 양방향성을 띠게 되었습니다. 매스 미디어로 대표되는 텔레비전의 경우 정보 전달은 방송국에서 시청자에게 즉 일방향으로만 가능합니다. 반면에 인터넷에서는 누구나 글을 올려 정보를 생산할 수 있습니다. 스마트폰의 보급이 확산되면서 이제는 개인이 미디어의 주체가 될 수 있는 1인 미디어 시대가 열렸지요. 방송국에 가지 않아도 유튜브 등을 통해 나만의 방송을 할 수 있습니다. 이로써 인터넷을 중심으로 소통하는 문화가 만들어졌고, 지구는 하나로 연결되었습니다. 하지만 누구나 정보 전달의 주체가 되면서 검증되지 않은 정보들이 난무한다는 것은 문제점으로 남아 있지요.

 ### 셋 크리에이터 기획사, MCN

샌드박스 네트워크 로고

MCN은 다중 채널 네트워크(multi channel network)의 약자로, 콘텐츠 창작자를 관리해 주며 다양한 채널에서 수익을 창출하고, 동영상 제작 지원 및 배급을 담당하는 새로운 산업 분야를 말합니다. 크리에이터가 연예인 못지않은 인지도를 얻자 관리가 필요해졌고, 촬영 및 저작권

등 각 분야의 전문가와 협업하여 좀 더 체계적이고 나은 창작 환경에서 콘텐츠를 제작할 수 있게 된 것이지요. 스튜디오에서 촬영 장비를 지원해 주는 것은 물론, 영상을 홍보하거나 저작권을 관리해 주는 등 다방면으로 크리에이터와 함께합니다.

대표적인 국내 MCN 회사

🎬 다이아TV
2013년 설립된 국내 최대의 MCN 회사로, 원래 이름은 CJ E&M 크리에이터 그룹이었어요. 게임 유튜버 '대도서관', 과학 실험 유튜버 '허팝' 등 약 400명이 넘는 크리에이터가 소속되어 있어요.

🎬 트레져헌터
게임, 뷰티, 먹방 등 다양한 분야의 크리에이터를 관리합니다. 음악 채널을 운영하는 유튜버 '빅마블' 등이 소속되어 있습니다.

🎬 샌드박스 네트워크
크리에이터 도티가 설립한 회사로, 처음에는 게임 분야 크리에이터가 주로 소속되었으나 현재는 만화가, 코미디언 등 여러 매체의 뛰어난 인재를 영입하며 빠르게 성장하고 있습니다.

2장

결핍은 나의 힘

> 어렸을 때 다양한
> 활동을 하고, 여러 사람의 의견에
> 귀를 기울였던 경험이 상상력과
> 창의력을 키우는 데 큰 역할을
> 한 것 같아요.

활발하고 긍정적인 성격으로 친구들에게 인기가 많았고 공부도 잘했던
도티였기에 초등학교를 다니며 여러 번 학급의 반장을 도맡았습니다.

학교 다녀왔습니다.

재미있었니?

오늘 자연 학습 시간에 생태 공원에 다녀왔는데요. 나뭇가지를 잘라서 심으면 뿌리가 나와서 다시 나무가 된대요!

무척 신기했나 보네. 들어와서 천천히 얘기하렴.

네. 이번 토요일에 학교 뒷마당에서 직접 나무를 심어 보기로 했어요.

재밌겠구나.

너무 기대돼요!

손 씻고 와서 간식 먹으며 이야기하자.

네. 먼저 숙제부터
하고요.

그러렴. 과일 깎아서
가져다줄게.

네.
고맙습니다.

띵동

누구지?

슥
슥

안녕하세요.

희선이 친구들이구나.
어서 와라.

희선아~
친구들
왔다.

희선아,
오락실 가자!

오잉. 벌써 왔어?

너네 숙제 다 했어?

먼저 놀고
숙제는 나중에
하면 되잖아.
같이 놀아야
재미있지.

숙제부터 하는 게
좋을 것 같은데······.

숙제 안 하고 놀면 마음 편하게 놀 수 없잖아.

난 편한데. 히히.

조금만 놀고 일찍 와서 마저 숙제하면 어떠니?

아니에요. 숙제 끝내고 가야 더 재미있게 놀 수 있어요!

그럼 너희들 먼저 가서 놀고 있어. 빨리 끝내고 갈게.

알았어. 빨리 와.

녀석…

잠시 후

오늘 손님이
자주 오네.

띵동 ✦

친구들이
다시 왔구나?

어머,
안녕하세요?

안녕하세요.

저희도 같이
숙제하고 놀려고요.

그래.
들어와.

희선아,
친구들이
숙제 같이
하자고
다시 왔네.

좋았어!
같이 숙제하면
더 신나게
놀 수 있겠다!

빨리 하자!

응~!

놀러 나간다더니 다시 들어와서 희선이랑 같이 숙제하겠다고

책을 챙겨 나가지 뭐예요.

그랬군요. 기특하네요.

들어 오세요~

네. 대견해서 간식 좀 가지고 왔어요.

아이들이 좋아하겠네요.

희선이는 성실하고 밝아서 참 예뻐요.

희선이와 같이 논다고 하면 안심이 돼요.

하 하 하 하

공부와 놀이, 모두 열심히 하는 생활 습관 덕분에 친구들의 부모님도 도티를 좋아했습니다.

어?
바둑 학원이다!

바둑이
뭔지 알아?

TV에서 봤어요.
검은 돌하고 흰 돌을 가지고
게임을 하는 건데, 잘 생각해서
집을 만드는 거래요.

희선이가 유심히
봤나 보네. 한번
배워 볼래?

진짜요?
재미있을 것 같아요!

그럼 지금
들어가 보자.

네!

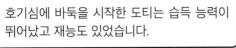

호기심에 바둑을 시작한 도티는 습득 능력이
뛰어났고 재능도 있었습니다.

이쪽에 *착점하면
백돌을 따낼 수 있어.

서울시에서 주최하는 바둑 대회에 참가해 당당히 3위에 입상
하기도 했지만, 경제 사정이 여의치 않아 고급 과정까지 계속
다닐 수는 없었습니다.

*착점: 바둑판에 바둑돌을 놓는 행위

자야 할 시간인데,

오늘도 늦게 잘 거니?

조금만 더 하고요.

공부를 열심히 하는 것도 좋지만, 무엇보다 건강이 우선이야.

네. 내일 시험만 끝나면 일찍 잘 거예요.

그래. 평소에도 열심히 했으니 잘할 수 있을 거야.

그럼 조금만
쉬었다가 할게요.

잠깐 옥상에 올라가서
바람을 좀 쐬고 올까?

불빛들이
참 멋져요!

밑에서 보는 것과 높은
옥상에서 보는 건 또 다르지?

네! 그래서 우리 집이
아주 마음에 들어요.

오락실, 노래방, 만화방,
제가 좋아하는 게
다 있고,

그렇게 좋아하던 게임도 못 하고, 시험이 싫지는 않니?

밤이 되면 이렇게 옥상에서 엄마랑 예쁜 우리 동네를 내려다볼 수도 있고요.

폴짝 폴짝

아니요!

그럼 시험 보는 게 좋아?

시험이 좋은 건 아니지만, 열심히 공부해서 시험을 잘 보면 친구들 앞에서 자신감이 생겨요!

혹시 친구들한테 놀림을 받거나 그런 일이 있니?

그게……. 키가 작다고 놀림 받았지만 괜찮아요!

47

얼마 전

꼬마 셋이 나란히
걸어갑니다~아~
♩♫♪♩

뭐? 우리가
왜 꼬마야?

휙

너네 다 키 작잖아.
꼬마를 꼬마라고
부르지 그럼 뭐라고
불러?

준영, 희선, 소희! 이름 부르라고!

우리가 부르고 싶은
대로 부를 거다!

메롱~

48

너네 마음대로 해. 우리가 너희보다 작은 건 사실이니까.

뭐, 뭐야….

키는 쟤들이 크지만 성적은 우리가 훨씬 더 크니까!

하 하 하

맞아

맞아

조잘 조잘

그래서 그 말이 거짓말이 되면 안 되니까, 더 열심히 해야 한다는 거야?

49

네. 저는 다른 애들보다 체구가 작아서 공부도 게임도 열심히 해야 다른 친구들보다 눈에 띌 수 있잖아요.

그렇다고 너무 힘들게 할 필요는 없어. 엄마 눈엔 우리 희선이만큼 눈에 띄는 사람은 세상에 아무도 없으니까!

히히. 무엇보다 제가 좋아서 하는 거예요. 성적이 잘 나오면 기분이 좋거든요.

그래야 놀 때도 신나게 놀 수 있고요!

그래! 공부도 열심히! 노는 것도 열심히! 엄마도 열심히 할 테니까!

네!

파이팅 외치고
내려갈까?

좋아요!

도티는 남들보다 부족하다고 느껴지면 더욱 열심히 하게 만드는
동기로 삼는 탁월한 긍정의 힘을 가지고 있었습니다.

파이팅!

그런 성격 덕분에 친구들에게 인기가 많았던 도티는 전교 어린이 회장에 당선됐습니다.

그러니 다른 의견 있으신 분은 주저 없이 손을 들어 주세요.

한 사람 한 사람의 의견 모두 똑같이 소중합니다.

5학년 7반 반장, 일어나서 발언해 주세요.

도티는 회의를 진행하면서 자신이 많은 사람들의 의견을 이끌어 내고 조율하며 사람들과 소통하는 것에 재능이 있다는 것을 깨달았습니다.

또한 예술 분야에도 호기심이 많았는데 적극적으로 지원해 주신 엄마 덕분에 악기를 배우고, 미술 학원도 다니며 다양한 경험을 했습니다.

어렸을 때 다양한
활동을 하고, 여러 사람의 의견에
귀를 기울였던 경험이 상상력과
창의력을 키우는 데 큰 역할을
한 것 같아요.

도티는 새로운 것에 대한 도전을 두려워하지 않았습니다. 최선을 다한 결과로
상을 받아 엄마를 기쁘게 해 드릴 수 있다는 것도 큰 동기였습니다.

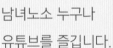

유튜브의 이해

1인 미디어의 대표적인 플랫폼은 '유튜브'입니다. 스마트폰의 대중화와 이동 통신 기술의 발달로 유튜브는 이제 우리의 일상에서 떼려야 뗄 수 없는 소통의 공간입니다. 배우고 싶은 학습 분야, 또는 사고 싶은 물건의 후기, 재미있는 놀이 등이 가득하기 때문에 남녀노소 누구나 유튜브를 즐깁니다.

하나 유튜브란?

'유튜브(YouTube)'는 전 세계 최대의 무료 동영상 공유 사이트로, 언제 어디서든 누구나 영상을 보는 것은 물론 직접 영상을 공유하고 피드백할 수 있습니다. 세계적 검색 엔진 구글 다음으로 검색량이 가장 많은 사이트이며 18억 명 이상의 방문자가 영상을 업로드하고, 구독하는 대표적인 동영상 플랫폼이지요. 유튜브의 환경은 개인이 글과 사진을 올리는 블로그와 페이스북, 인스타그램, 트위터 등의 SNS보다 더 활발하게 움직이며 파급력도 큽니다. 전통적인 매스 미디어에서 검열 등의 이유로 제한적이었던 사건도 다루면서 오늘날을 '유튜브 저널리즘'의 시대라고도 합니다. 이처럼 유튜브가 큰 성공을 거둘 수 있었던 이유는 첫째, 편리한 접근성, 둘째, 다양한 콘텐츠, 셋째, 이용자 참여 수익 구조로 정리할 수 있습니다. 유튜브를 건강하게 즐기려면 시청 시간을 정하고 댓글 예절을 지키는 등 올바른 시청 습관을 기르는 것이 중요합니다.

국내 유튜브 시장의 규모

유튜브 시장의 활동 주체는 크게 콘텐츠 제작자인 크리에이터, 소비자인 구독자, MCN 사업자와 유통 플랫폼 사업자로 구분할 수 있습니다. 어린이부터 노인까지 모든 연령층에서 유튜브를 시청하는 비율이 점점 높아지고 있습니다. 다양한 모바일 동영상 앱의 시청 시간을 비교한 결과 유튜브 시청 시간이 차지하는 비율이 90% 이상으로 나타났습니다. 우리나라 국민 60%가 유튜브를 이용하며, 한 사람당 평균 일주일에 4시간 정도 시청한다는 조사 결과가 있습니다. 시청 시간은 계속 늘어날 것으로 전망됩니다. 그 때문에 기업에서는 유튜브 마케팅을 활용하고, 영상 촬영, 편집, 콘텐츠 기획자 등 유튜브와 관련된 직업도 계속 늘어나고 있지요.

 ## 유튜브 마케팅 성공 사례

2012년 여름, 가수 싸이의 노래 <강남스타일> 뮤직 비디오가 유튜브에 최초로 업로드 되었습니다. 조회 수 30억 뷰를 돌파하며 이후 5년 동안 유튜브에서 가장 많이 시청한 뮤직 비디오 1위 자리를 놓치지 않았습니다. 즉 싸이가 세계적인 스타가 될 수 있었던 데에는 유튜브의 역할도 한몫한 것이지요.

EBS 캐릭터 펭수는 유튜브 채널 '자이언트 펭TV'를 통해 2019년부터 지금까지 다양한 분야에서 큰 인기를 얻고 있습니다. 그동안 국내 캐릭터 산업은 크게 성장했으나 예쁜 디자인에서 그친다는 평가가 있었습니다. 펭수는 유튜브를 통해 스스로 경험하고 깨우치며 성장한다는 스토리를 보여 주고 팬들과 소통하며 펭수 신드롬을 일으켰습니다.

 ## 수익 모델

1. 광고 수익
영상에 광고를 게재하여 얻는 수익은 유튜브가 45%, 유튜버가 55%를 갖습니다. 광고 금액은 조회 수뿐 아니라 채널의 동영상 수, 좋아요 수 등이 반영되어 정해집니다. 광고는 콘텐츠의 내용과 시청자 층을 고려하여 설정됩니다.

2. 협찬 수익(PPL)
유튜버와 기업의 브랜드가 직접 계약을 맺어 제품을 영상에 노출시키는 방식입니다. 이러한 수익은 모두 유튜버가 갖게 됩니다.

3. 실시간 방송 후원금 수익
영상을 시청하는 팬에 의한 후원금 시스템입니다. 라이브 방송 시청자들이 최소 1,000원에서 최대 50만원까지 보낼 수 있습니다. 후원금의 수익은 유튜브가 30%, 유튜버가 70% 갖게 됩니다.

3장

게임 세계로 빠져들다

> 희선이는 나중에
> 게이머 해도 되겠다!

다녀오겠습니다.

경제적으로 여유가 있던 아버지의 집에서 학교를 다니는 게 공부에 더 집중할 수 있을 것 같다는
부모님의 판단으로, 도티는 인천에 있는 아버지 집에서 중학교를 다니게 됐습니다.

오늘도
잘할 수 있을 거야.

긍정적인 성격과 사교성이 좋은 도티였기에 낯선 곳에서
학교를 다니는 게 어렵지 않을 거라고 생각했습니다.

58

시끌
시끌

안녕!

잘 가. 내일 보자.

피시방 가자!
엄청난 게임이
새로 나왔대.

가자!

오늘은 안 갈래.

왜?
어디 아파?

아니. 그냥. 오늘 집에
일찍 가 봐야 돼서…….

에이.
너 빠지면
재미없는데~

미안해.
내일 같이 갈게.

휙

시간이 지날수록 어머니를 그리워하며 힘들어하던 도티는 좋아하던 게임에도 흥미를 잃었습니다.

잘 가.

응. 재밌게 놀아……

결국 도티는 중학교 1학년 1학기를 마치고 무작정 성남에 있는 어머니 집으로 돌아갔습니다.

알았어. 그렇게 할게.

쭈뼛

스윽

아빠가 뭐라고 하세요?

쭈뼛

60

학교 다녀오겠습니다!

조심해서 다녀오너라.

타
타
탁

웅성
웅성

철컹

으악.

철컹

빵
빵

으아악.

헉

헉

진짜? 게임 천재인 네가?

내가 무슨 천재야?

얘는 자기가 잘한다고 생각해서, 자기한테 이기는 사람은 다 천재라고 하잖아.

어쨌든 네가 스타크래프트를 모른다는 게 믿기지 않는다.

모르는 건 아닌데 통학 시간이 오래 걸리니까 힘들어서 게임을 못 했어.

좋아! 그럼 이번엔 내가 한 수 가르쳐 주마!

부탁하오.

하 하 하

와!
이겼다!

야! 너 처음
하는 거 맞아?

내가 언제
처음이라
그랬어?
많이 못 해
봤다고
그랬지.

그런데 왜 그렇게
잘해?

찌릿

천재가 달리 천재냐? 희선이가 하는 게임은 신기하게 보는 것도 정말 흥미진진해.

헤헤. 이 게임 너무 재밌다!

히죽-

처음 해 보는 것처럼 얘기해 놓고!

그게 아니라 몸도 힘들고 머리도 복잡해서 게임을 해도 재미를 느낄 수 없었거든.

그러니까 우리랑 같이 해서 재밌어졌다, 이거지?

그럼!

끄덕

거기 조용히 좀
해 주실래요?

예.

죄송합니다.

칠끔

다시 어머니와 함께 살게 된 도티는 불편했던 마음을
털어 버리고 활기찬 모습을 되찾았습니다.

자, 그럼 지금부터
게임에만 몰두한다!

척

척 척

네가 스타크래프트를
그렇게 잘한다며? 나랑 겨루자!

좋아!
결투를 받아 주지!

오~

하 하 하

타 타 타탁

투표 결과 희선이가
이번 2학년 1학기 반장을 맡게 됐어요.
모두 같이 협력해서 밝은 학급 분위기를
만들어 가도록 합시다.

지난 1년을 다른 학교에서 다니고 전학을 왔지만, 여전히 친구들에게
인기가 있었던 도티는 반장으로 뽑히게 됐습니다.

짝 짝 짝

자, 그럼 당선 소감
얘기해 볼까?

제가 할 일은
여러분의 의견을
잘 듣고 문제가 있다면
함께 해결하며 모두가
즐거운 학교생활을
할 수 있도록 돕는
거라고 생각합니다.

하고 싶은 얘기가
있으면 언제든 저를
불러 주시기 바랍니다.

번쩍

벌써?

김준영 학생
발언해 주세요.

준영이 넌
학기 시작하자마자
놀 생각부터 하냐?

김준영 학생의 건의가
꼭 성사되도록 최선을 다할 것을
약속드립니다!

반 대항 게임 대회를
건의합니다!

벌

떡

하하하. 이거 완전히 반장 잘못 뽑았는걸.

ㅎㅎㅎ

짝 짝 짝

와아~ 반장 잘 뽑았다!

친구들과의 소통에 능하고 일 처리도 야무졌던 도티는 선생님들에게도 신뢰를 얻었습니다.

짝 짝 짝

통합 지식 플러스③ ▼

오늘부터 나도
크리에이터! (1)

나만의 스토리와 재능을 가지고 있다면
누구나 인터넷 방송을 시작할 수 있습니다.
유튜브를 활용하여 영상을 올리는 방법을
배워 봅시다.

하나 콘텐츠 기획

크리에이터로 성공하는 비결은 트렌드를 반영
하고 대중적이며, 메시지를 명확하게 전달하는
좋은 콘텐츠입니다. 아무리 화려한 효과로 꾸민
영상이더라도 콘텐츠가 흥미롭지 않다면 시청
자는 금방 흥미를 잃을 것입니다. 그러므로 크
리에이터가 되려면 나만의 콘텐츠를 갈고 닦아
야 합니다. 이때 맨 먼저 해야 할 것은 무슨 분
야를 다룰지 정하는 것입니다. 먹방, 뷰티, 교
육, 게임, 놀이, 실험 등 다양한 분야 중 평소 관
심이 있고 잘하는 분야를 고르는 것이 좋겠지
요. 그 후에는 시청자의 연령층을 정하고, 구체
적으로 촬영 장소와 영상 순서 및 러닝 타임을
고려하여 촬영 계획을 세워야 합니다.

둘 유튜브 채널 개설

대략적인 계획을 세웠다면 이제 유튜브 채널과
닉네임을 만들 차례입니다. 유튜브는 구글 계정
만 있다면 간편하게 개설할 수 있습니다. 하지만
14세 미만의 어린이는 구글 계정을 가질 수 없으
므로 반드시 부모님의 도움과 지도가 필요합니
다. 채널의 이름과 닉네임은 콘텐츠와 관련이 있
고 눈에 띄는 쉬운 단어를 사용하는 것이 좋습니
다. 요즘은 구독자들의 애칭도 만들어서 부르며
친근하게 소통합니다.

 셋 장비 준비

 ### 카메라
동영상을 제작하기 위해서는 몇 가지 장비들이 필요한데, 가장 기본적인 것이 카메라입니다. 초보라면 처음부터 비싼 장비를 구입하기보다는 스마트폰으로 시작하는 것이 좋습니다.

삼각대
영상이 흔들리지 않도록 카메라를 고정하는 역할을 합니다.

 ### 마이크
스마트폰은 별도의 마이크가 필요하지 않지만 음악이나, ASMR처럼 음성이 중요한 콘텐츠의 경우에는 전문적인 마이크를 사용합니다.

 ### 조명
어두운 곳에서 촬영하거나 뷰티 영상을 찍을 때는 조명이 필요합니다.

 ### 컴퓨터
라이브 방송을 진행하거나, 찍은 영상을 편집할 때 필요합니다.

 넷 촬영

촬영하는 모습

생방송 형식의 실시간 스트리밍과 미리 영상을 찍어 편집해 올리는 방식이 있습니다. 영상은 구도와 조명을 맞추고, 흔들리지 않게 찍으며 중간중간 제대로 녹화되고 있는지 확인하는 것이 좋습니다. 촬영 중 지켜야 할 예절도 놓쳐서는 안 됩니다. 특히 생방송 중에는 채팅에 욕설을 쓰는 사람은 없는지 살피고, 공공시설에서 촬영할 경우에는 타인의 얼굴이 노출되지 않도록 주의해야 합니다. 부적절한 콘텐츠에 대하여 유튜브에서 정해 놓은 가이드 라인을 참고하세요.

- 시청자가 부상을 입을 수 있는 행위를 조장하는 위험한 콘텐츠는 시청 연령이 제한되거나 삭제될 수 있습니다.
- 과도한 노출 및 성적인 콘텐츠는 자신의 모습을 촬영한 것이라도 올릴 수 없습니다.
- 인종이나 민족, 종교, 장애, 성별, 국적, 성 정체성에 대해 지나치게 비난하거나 증오를 조장해서는 안 됩니다.

○ 4장 ✕

공부, 공부, 그리고 *입덕!

> 초조해할 필요 없어.
> 주어진 시간을 성실하게 보내면
> 그 시간이 쌓여 나의 미래가
> 만들어질 거야.

*입덕: 어떤 분야나 사람을 열성적으로 좋아하기
시작한다는 뜻의 인터넷 용어

0교시

야간 자율 학습

고등학생이 된 도티는 대학 진학을 위해 이른 아침부터 늦은 밤까지 야간 자율 학습을 했습니다.

이제 고등학생. 앞으로 3년 동안 나의 미래를 그려 나가야겠지.

초조해할 필요 없어. 주어진 시간을 성실하게 보내면 그 시간이 쌓여 나의 미래가 만들어질 거야!

고진감래苦盡甘來! 고생 끝에 즐거움이 온다잖아. 참았다가 하면 훨씬 더 재밌을 거야!

너는 어떻게 그렇게 긍정적이냐?

소문만복래笑門萬福來! 웃는 자에게 복이 온다~!

그래. 졌다, 졌어!

첫 번째 시험에서 만족스럽지 못한 성적을 받은 도티는 더욱 열심히 공부에 매진했습니다.

너무 늦었는데…….

희선아, 이거 좀 마시면서 해.

왜 아직 안 주무셨어요?

잠깐 깼어. 일찍 일어나야 하는데 너무 늦게까지 하는 거 아니야?

조금만 더 하고 잘게요.

어?

야! 전교 1등 이잖아!

최선을 다해 노력한 결과는 전교 1등이라는 성적으로 나타났습니다. 그 후 고등학교를 다니는 동안 전교 1등을 놓치지 않았습니다.

표정 변화가 없어서 성적이 안 좋은 줄 알았잖아! 축하해!

항복, 항복!

꽉

탁 탁

이번 학기 문집엔 1, 2학년 문예부원 모두 한 편씩 글을 실을 예정이니까, 이번 달까지 모두 글을 제출해 줘. 장르와 주제는 자유롭게 정하도록 해.

네.

네.

문예부

흠. 어떤 주제가 좋을까?

주제가 정해져 있을 땐 자유롭게 정할 수 있으면 좋겠다고 생각했는데, 막상 자유가 주어지니까 더 어렵네.

시골석쇠갈비

맛나분식점

어려서부터 글짓기에 재능이 있었던 도티는 공부에 전념하는 중에도 문예부 활동을 게을리하지 않았습니다.

무슨 노래지? 흥겨운걸!

그때 화면에는 유명 가수 핑클의 멤버였던 이효리가 솔로 앨범을 발표하고 <10 Minutes>을 부르고 있었습니다.

맞아.

이효리 아니에요?

와~ 그룹 활동할 때도 멋있었지만, 혼자 노래하는 모습은 더 강렬한 매력이 있어요.

자기만의 음악을 할 수 있게 돼서 좀 더 자유로워진 걸까?

맞아요! 자유!

하고 싶은 걸 마음껏 할 수 있는 자유를 얻은 사람 같아요.

이효리의 팬이 된 도티는 앨범을 듣고, 방송을 시청하고, 기사를 스크랩할 뿐 아니라 인터넷 팬 카페 활동도 활발히 했습니다.

저스트 원 텐미닛

타 타 타 탁

〈별이 빛나는 밤〉에 애청자 여러분, 안녕하세요. 오늘은 옥주현 씨를 대신해 저 이효리가 일일 디제이를 하게 됐어요.

ONAIR

성남에 사는 나희선 군의 사연을 읽어 드리면서 시작하겠습니다.

만

세

그런 경험은 훗날 팬들의 마음을 이해하고, 소중하게 생각하는 데 큰 도움이 되었고 항상 고마움을 잊지 않았습니다.

여기서 이렇게 자르고…….

00:00:05.419

그렇게 시작된 팬심은 피겨 여왕 김연아 선수로 이어졌습니다.

딸깍   딸깍

이렇게 하면 화면이 더 자연스럽게 이어지는구나.

인터넷 팬 카페에 올릴 김연아 선수의 영상을 제작하기 위해 배운 동영상 편집 기술은 유튜브 크리에이터가 되는 데 큰 도움이 됐습니다.

전국 고교 백일장

문예부 활동을 하며 꾸준히 글을 쓰던 도티는
전국 규모의 백일장에 출전하게 됐습니다.

1등 상
국립 중앙 도서관장상에
풍생 고등학교의
나희선 군입니다.

짝 짝 짝 짝

88

오늘부터 나도 크리에이터! (2)

재미있는 콘텐츠로 촬영을 끝마쳤다면 영상을 더욱 매력적으로 만들기 위해 편집을 해야 합니다. 영상을 업로드하고 관리하는 방법까지! 이제 여러분도 크리에이터가 될 수 있어요.

다섯 영상 편집

영상을 편집하는 모습

영상을 촬영하면 바로 유튜브에 올리는 것이 아니라, 편집 과정을 거쳐야 합니다. 이 과정은 촬영만큼이나 중요합니다. 돌에 불과한 원석을 다듬어 아름다운 보석으로 탄생시키듯 편집은 영상을 더 재미있게 만듭니다. 편집에는 다음과 같은 노하우가 필요합니다.

● 불필요하거나 반복되는 부분은 삭제하여 5~10분 정도의 짤막한 영상으로 시작해 보세요. 영상의 러닝 타임이 길면 시청자는 지루함을 느낄 수도 있습니다.

● 앞부분에 짤막한 하이라이트 영상을 붙입니다. 이렇게 하면 해당 영상이 무슨 내용인지 쉽게 파악할 수 있고 시청자의 흥미를 끌 수 있습니다.

● 추가 설명이 필요한 부분에는 자막을 넣어 이해를 돕고 강조하고 싶은 장면에는 특수 효과를 주어 재미를 더합니다.

여섯 영상 업로드

편집한 영상을 개설한 유튜브 채널에 올리는 과정입니다. 간결하고 내용이 잘 드러나는 제목으로 올립니다. 이때 섬네일을 만들어 보여 주면 좋습니다. 섬네일이란 동영상이 업로드 되었을 때 가정 먼저 보이는 미리 보기 화면입니다. 즉 책의 표지, 영화의 포스터와 같은 것이에요. 따라서 섬네일은 눈에 잘 띄거나 전하고자 하는 핵심 메시지로 구성하는 것이 좋습니다.

또한 평소에 뉴스나 SNS를 보며 트렌드를 익히고, 유행하는 키워드로 태그를 설정하면 자주 사람들에게 노출되어 더욱 주목을 받게 됩니다.

일곱 홍보

아무리 영상을 잘 만들었다 하더라도 초보의 경우 처음부터 주목을 받기가 쉽지 않습니다. 실시간으로 전 세계에서 수많은 동영상이 쏟아져 나오기 때문입니다. 이때 블로그나 SNS 등의 소셜 미디어를 활용하여 적극적으로 홍보를 하면 효과적입니다. 비슷한 카테고리의 다른 유튜버와 소통하며 구독자의 시선을 끌 수도 있습니다. 또한 재미있는 콘텐츠는 시청자들이 직접 공유하는 경우도 있으니, 웹 사이트와 블로그에 공유 설정을 수락하면 좋습니다.

여덟 관리

유튜브는 시청자 참여가 매우 활발합니다. 시청자는 댓글과 채팅으로 언제든지 자신의 의견을 남길 수 있지요. 따라서 크리에이터에게는 늘 시청자의 의견에 귀를 기울이는 자세가 필요합니다. 시청자가 원하는 것이 무엇인지 살피고 개선할 점이 있다면 이를 다음 콘텐츠 기획에 반영하는 것이 좋습니다. 또한 채널이 알려져 조회 수가 올라가면 수익을 관리해야 합니다. 수익은 시청자로부터 후원을 받거나 시청자가 동영상에 걸린 광고를 볼 때 발생합니다.

동영상 편집 프로그램

프리미어 프로
유료 프로그램으로, 초보자부터 전문가까지 가장 널리 사용하는 프로그램입니다.

곰믹스
무료 프로그램으로, 영상을 제작하는 데 가장 기본적인 기능들만 모아 놓아 초보자가 사용하기 좋습니다.

뱁믹스
다양한 자막 효과를 넣는 데 특화된 무료 동영상 편집 프로그램입니다.

◇ 5장 ✕

방황은 쓰고 열매는 달다

> "
> 창의적이고
> 새로운 문화를 만든다?
> 그게 내가 하고 싶었던
> 일인데!
> "

헥 헥

실례합니다. 여기가
댄스 동아리인가요?

이쪽으로
와요.

안녕하세요,
선배님. 나희선
이라고 합니다.

슉

척

댄스 동아리 회원 모집

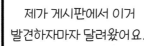

제가 게시판에서 이거
발견하자마자 달려왔어요.

열정 가득한
신입 회원이
들어왔네.

마음에
든다!

휴~ 내가 생각했던 건 창의적인 글을 쓰는 거였는데 …….

창의적인 것이라고 해서 무에서 유를 창조하는 게 아니잖아. 아는 게 있어야 창의적인 생각을 할 수도 있겠지.

그건 나도 아는데 수업에 전혀 흥미를 느낄 수가 없다는 게 문제야.

사회 계열처럼 좀 더 실용적인 학문을 선택할 걸 그랬나?

이제 겨우 1학년이야. 실망하기엔 너무 빠른 거 아닐까?

으, 그런가?

드디어 가는구나!
정말 기대된다.

학과에 대한 고민이 계속되는 나날을 보내던 중,
2학년 여름 방학이 되었을 때, 도티는 친구들과
함께 유럽 배낭여행을 떠났습니다.

유럽을 여행하는 동안 많은 사람들과 다양한 문화를 접하며 자신이 추구하고자 했던 자유와 모험, 그리고 도전이라는 중요한 삶의 태도를 다시 한번 떠올렸습니다.

하나

둘

셋

점프

Z Z

Z

Z Z

철컹

철컹

그래. 모험과 도전!
잊지 않을 거야.

여행에서 돌아온 도티는 우연히 들었던 법학과 수업에서 법 공부에 대한 흥미를 느끼며 2학년을 마치고 법학과로 전공을 옮겼습니다.

과를 옮겨서 따라잡아야 할 전공과목이 많아 힘들지 않아?

길어야 1년이야. 인생에서 1년은 그리 긴 시간이 아니야.

맞아. 졸업을 빨리한다고 사법 고시에 먼저 합격한다는 보장도 없고.

희선이 너,
사법 고시 볼 생각
아니었어?

사법 고시?

법학과 수업이
재미있어서
과를 옮겼을 뿐
사법 고시 생각은
안 해 봤어.

괜찮아.
법학과 학생이라고
모두 사법 고시를
준비하는 건 아니니까.
지금부터 생각해 봐도
늦지 않아.

그럴까?

어! 우리 늦겠다!

하지만 개인 과외와 학원 강사로 일하며 생활비를
벌어야 했기에, 사법 고시 공부를 하는 동기들을
따라잡는 건 쉬운 일이 아니었습니다.

터덜

터덜

공부와 일을 병행하던 도티는 진로에 대한 고민으로
자신감마저 잃어버려 휴학과 복학을 반복하며 방황의
시간을 보냈습니다.

마음을 단단히 먹고 학과를
옮겼다고 생각했는데 넘어야 할
고비가 한두 개가 아니다.

하~

몸과 마음이 힘든 것보다
시간을 낭비한 게 더 후회가 돼.
이제 어떻게 하지?

푹-

후회만 할 게 아니라
생각할 시간을
갖는 게 더 현명해!

도티는 생각할 시간을 갖기 위해 군대에 입대하기로
결정하였습니다.

하나 둘 셋 넷

대학에 들어갔을 땐 막연하게
창의적인 일을 하고 싶다고
생각했었는데 법학과로 바꾸면서
그런 생각을 까맣게 잊어버리고
있었어.

나는 뭘 하고
싶은 거지?

어려서부터
버릇이 돼서 그래.

넌 TV보다 책이
더 재미있냐?
틈만 나면
책 보더라?

어허! 요즘 같은 미디어 시대에 책만 붙들고 있어서 쓰나!

가능한 다양한 미디어를 활용할 줄 알아야지.

안 그래도 책이 잘 안 읽어져서 TV 보려던 참이야.

우리는 제대 후 어떤 일을 하게 될까?

문화를 만듭니다

문화를 만들어? 창의적이고 새로운 문화를 만든다!

미디어연구방법론
레거시 미디어
뉴미디어

슥
슥

현대는 비약적인 정보 통신 기술의 발전으로 방송과 신문, 출판 같은 기존의 미디어와 다른 다양한 미디어의 출현이 가능한 사회가 됐습니다.

우선 신문 방송학과의 수업을 들으며 미디어 산업에 대한 지식을 쌓는 것부터 시작했습니다.

그런 예로 어떤 게 있을까요?

미디어연구방법론
레거시 미디어
뉴미디어

유튜브가 있습니다.

크리에이터가 지켜야 할 것

최근 학생들에게 장래 희망을 물으면 항상 상위권을 차지하는 직업이 있습니다. 바로 크리에이터입니다. 이처럼 누구나 도전할 수 있지만 아무나 스타 크리에이터가 될 수 있는 것은 아닙니다. 훌륭한 크리에이터가 되기 위해 어떤 것들을 지켜야 할까요?

하나 저작권

저작권을 뜻하는 영어 단어로 표기

동영상을 편집할 때 적절한 배경 음악, 서체, 이미지 등을 사용하면 동영상이 더욱 재미있습니다. 이러한 자료들은 인터넷에서 다운받아 사용하면 될까요? 무료로 사용할 수 있는 자료라면 괜찮겠지만 그렇지 않을 경우 문제가 될 수 있습니다. 이러한 자료들에는 저작권이 있기 때문이지요. 누군가는 그 자료를 만들기 위해 시간과 노력을 들였을 것입니다. 그러한 가치를 인정해 주는 것을 바로 '저작권'이라고 합니다. 따라서 동영상에 넣을 자료는 저작권에 따라 창작자에게 허락을 구하고 사용해야 합니다. 저작권을 위반하여 신고된 채널은 유튜브 기능을 사용할 수 없거나 계정이 삭제되는 등의 제한을 받을 수 있으니 주의해야 하지요.

둘 윤리 의식

인터넷 방송이 큰 인기를 끌면서 크리에이터의

영향력은 점점 커지고 있습니다. 내가 좋아하는 크리에이터의 말을 쉽게 믿거나 행동을 따라 할 수도 있지요. 크리에이터는 자신이 누군가에게 영향을 끼칠 수 있는 존재라는 것을 항상 명심해야 합니다. 조회 수를 올리는 것이 더 많은 수익으로 연결되다 보니, 크리에이터가 자극적이고 사실과 다른 내용의 영상을 찍는 경우가 많습니다. 하지만 이는 보는 사람에게 불쾌감을 줄 뿐만 아니라 좋지 않은 영향력을 미칠 수 있으므로 유의해야 합니다. 어린이를 대상으로 하는 크리에이터의 경우에는 특히 말과 행동을 신중히 하고, 과학 실험과 같이 위험의 요소가 있는 콘텐츠를 진행할 경우에는 따라 하지 말 것을 반드시 알려야 합니다.

셋 참신한 콘텐츠 발굴

아이디어를 정리하는 모습

만약 크리에이터가 비슷한 내용의 콘텐츠를 반복해서 올린다면 어떻게 될까요? 구독자는 처음 느꼈던 흥미를 잃고 다른 영상을 찾아 나설 것입니다. 그러므로 크리에이터는 새로운 콘텐츠를 만들기 위해 주변을 살피는 노력을 해야 합니다. 그러기 위해서는 뉴스와 인터넷을 통해 사회 현상과 트렌드를 배우고, 다양한 분야에 관심을 가지며 여러 사람과 회의를 하면 도움이 됩니다.

넷 소통 능력

사람들은 흔히 크리에이터가 개인 방송 진행자이기 때문에 혼자서 좋아하는 일을 편하게 하는 직업이라고 착각하기 쉽습니다. 하지만 크리에이터에게는 뛰어난 소통 능력이 요구됩니다. 최근에는 여러 사람과 팀으로 영상을 제작하는 경우도 많고, TV와 달리 시청자가 방송에 적극적으로 참여할 수 있기 때문입니다. 생방송 중에는 매 순간 예상치 못한 질문을 받기도 하는데 이때 재치 있게 대답하는 것 또한 크리에이터의 능력이지요. 때로는 비방하는 내용의 댓글 때문에 정신적인 스트레스를 호소하는 크리에이터도 많습니다. 이처럼 크리에이터가 혼자서 하고 싶은 일을 멋대로 하는 직업이라는 인식을 가져서는 안 됩니다.

◇ 6장 ✕

안녕하세요. 도티TV입니다.

> 그래, 게임!
> 내가 즐겁게 만들 수 있는
> 콘텐츠를 제작해야 독자들도
> 재미있게 볼 수 있을 거야.

지이이잉

여보세요?

게임? 좋지.
금방 갈게.

벌떡

잠깐, 내가 왜
그 생각을 못 했지?

멈칫

게임! 내가 즐겁게
만들 수 있는 콘텐츠를
제작해야 독자들도
재밌게 볼 거야!

좋아! 그렇다면
어떤 게임 콘텐츠를
가지고 방송을
제작해 볼까?

음~

으~

이거야! 마인크래프트!

딱

게임 방송을 통해 기쁨과 감동을 줄 수 있으면 좋을 텐데, 내가 할 수 있을까?

그러고 보면 어렸을 때 친구들과 함께 게임을 하며 부모님의 이혼으로 힘들었던 시기를 잘 넘길 수 있었어.

도티는 전 세계 많은 어린이들을 포함한 수많은 사람들이 즐기던 마인크래프트라는 샌드박스 장르의 디지털 레고 게임을 선택했습니다.

마인크래프트를 가지고 어떤 식으로 영상을 만들면 좋을까?

지이이잉

아, 늦겠다. 우선 게임부터 하러 가자.

아이들이 시청하는 콘텐츠에 저런 상스러운 말을 쓰다니, 그런다고 재미가 있는 게 아닌데…….

기업에서도 유튜브를 활용해 마케팅을 하는데 큰 효과는 없는 것 같아. 담당자가 *플랫폼을 잘 모르는 사람인가?

이 영상은 정말 잘 만들었네. 그런데 왜 조회 수가 그렇게 높지 않을까?

*섬네일이 밋밋해서 사용자의 시선을 끌지 못하고 있는 것 같아.

도티는 수많은 영상을 보며 꼼꼼하게 연구했습니다. 나중에는 개성 있고 재미있는 섬네일로 주목을 받게 됐습니다.

섬네일은 얼굴이나 마찬가지! 첫인상이 중요하지!

* **플랫폼**: 역에서 열차를 타고 내리는 장소를 뜻하며, IT 분야에서 프로그램을 작동시키기 위한 기반이 되는 환경으로 쓰임
* **섬네일**: 그래픽 파일 이미지를 작게 만든 데이터

2013년 10월

자! 그럼 이제 첫 방송을 시작해 볼까?

클릭

띵-

새로운 사용자가 입장했습니다.

안녕하세요! 도티의 싱글 플레이 도전 과제 '올 클리어 해 보자!' 콘텐츠입니다. 한번 시작해 보겠습니다.

안 돼! 몬스터!

난 할 수 있어! 여러분도 포기하지 마세요!

자! 다시 힘내서!

도티는 최선을 다해, 그리고 자신이 즐기면서 방송을 진행했습니다. 그런 도티의 진심은 시청하는 어린이들에게 전달됐습니다.

122

그럼 여러분, 내일 다시 만나요!

휴~. 처음이라 힘들었지만 정말 재미 있었어.

아, 배고파. 방송 준비하느라 아침부터 아무것도 못 먹었네.

또 내일 방송을 준비하려면 체력이 중요 하지!

꼬르륵

오늘 방송 접속자 수는 서른다섯 명. 다른 사람들은 고작 서른다섯 명이라고 코웃음을 칠 수도 있겠지만…….

한 명이라도 내 방송을 함께하며 즐거울 수 있다면 그 시간은 다른 무엇과도 바꿀 수 없는 소중한 거야!

호로록

긍정적인 성격의 도티는 많지 않은 시청자 수에 실망하지 않고 그들의 시간을 책임진다는 생각에 막중한 책임감과 보람을 느꼈습니다.

무엇보다 기분이 좋은 건 아직 사람들이 발견하지 못한 신대륙을 찾아 나서는 것처럼 새로운 일에 도전하고 있다는 거야!

문화를 만듭니다

목표는 구독자 천 명! 그 정도면 자기소개서에도 멋지게 쓸 수 있겠지?

히죽

오늘 영상을 다시 봐야겠다.

영상 업로드 후, 모니터링과 독자 반응 체크도 허투루하지 않았습니다.

아, 내가 나를 보려니 부끄럽다. 말투도 부자연스러워.

음…….

아…….

앗, 내가 '음…….'을 많이 쓰는 버릇이 있네? 고쳐야겠어.

다음 날

이 도시에서 두 팀으로 나눠 추격전을 벌이면 재밌을 거야! 좋았어.

여러분, 안녕하세요. 오늘은 마피아와 시민으로 팀을 나눠 추격전을 벌일 텐데요. 제한 시간 30분 동안 살아남아야 해요!

열심 열심

5분 경과

어! 벌써 끝났어. 왜 이렇게 빨리 끝났지? 이렇게 허무하게 끝나면 안 되는데.

초반에는 뜻하지 않은 방송 사고가 생기기도 했지만, 도티는 그런 경험을 바탕으로 방송 준비에 더 심혈을 기울였습니다.

아하하. 밤새 준비했는데 5분 만에 끝났네요. 팀의 설정을 잘못했나 봐요. 수정해서 내일 다시 해 봅시다.

도티 님, 벌써 끝난 건가요? ㅜㅜ

네. ㅋㅋㅋㅋ

으악! 마피아가 너무 빨라.

내일은 꼭 살아남아야지!

ㅋㅋㅋㅋ 허무.

도티 님, 내일 만나요.^^

하여간, 희선아 네가 한번 빠지면 제대로인 거 알아 줘야 해. 그래서 말인데 내가 아는 선생님이 유튜브 책을 집필 중인데, 네가 좀 도와줄 수 있을까?

내가? 유튜브라면 자신 있긴 한데…….

너라면 잘할 수 있을 거야.

그래, 해 볼게. 항상 좋은 기회를 줘서 고맙다.

얼마 후

드디어 책이 나왔어. 아마도 내가 유튜브를 제일 잘 아는 크리에이터겠지?

아싸!

책에 들어갈 유튜브 활용 예제를 만들기 시작한 도티는 꼼꼼하고 다양하게 작업하며 많은 아이디어를 내기도 했습니다. 이러한 과정을 통해 유튜브의 모든 기능을 학습할 수 있었습니다.

딩동~

댕동~

도티 님 방송 시간이라
나 먼저 갈게!

도티 님?
그게 누구야?

무슨 방송인데?

도티 님을 모르다니!
마인크래프트 게임 방송
인데, 착하고 멋지고
완전 재밌어. 최고야!

Good

나도 너희 집에 가서
같이 봐도 돼?

우리도!

그런 도티의 성실함과 어린이들에 대한 진심은
금세 수많은 아이들의 마음을 사로잡았습니다.

감사합니다! 앞으로 더 좋은 콘텐츠로 보답할게요.

노력은 성과로 이어져 7개월 만에 구독자가 10만 명이 넘었습니다. 책에서 배운 기술도 제대로 활용하여, 기존에 더 유명했던 마인크래프트 유튜버가 있었음에도 불구하고 마인크래프트를 검색하면 가장 먼저 도티의 이름이 나오기도 했습니다.

대부분이 *SEO를 제대로 이해하지 못하고 있어.

태그를 안 쓰는 채널도 굉장히 많잖아?

*SEO(search engine optimization): 검색 결과의 상위에 나올 수 있도록 하는 방법

그런 도티의 인기는 유튜브를 운영하는 구글에 알려질 정도였습니다. 구글에서 일하는 친구 필성에게도 도티의 인기가 전해졌습니다.

요즘 회사에서 네 이름 자주 듣는다. 물론 나희선이 아니라 도티라는 이름으로.

갑자기 구독자가 많이 늘어서 아직 실감이 안 나네.

초통령님, 직접 뵙게 되어 영광입니다!

초통령? 그게 뭐야?

130

하하하. 자기 별명도 모르고 있을 정도로 바빴단 말이야? 초등학생들의 대통령! 그게 네 별명이야.

그래? 난 모르고 있었네.

그나저나 그렇게 바쁜 와중에 어쩐 일로 나를 보자고 한 거야?

너, 나랑 같이 미국에 다녀오지 않을래?

벌 떡

미국에? 거긴 왜?

LA에서 열리는 온라인 동영상 축제인 비드콘에 가 보고 싶어서!

1인 미디어와 관련된 직업

'1인 미디어'는 기획부터 촬영, 관리까지 개인이 방송 전체를 이끌어 가는 것입니다. 하지만 인터넷 방송의 규모가 커지고 더욱 전문성 있는 방송을 위해 각 과정을 세분화하여 담당하는 직업이 생겨났습니다.

하나 제작 크리에이터

회의하는 모습

TV 프로그램이나 영화를 함께 만드는 스태프처럼 영상의 제작에 참여하는 사람을 말합니다. 주로 구독자가 많고 제작 규모가 큰 크리에이터를 중심으로 팀을 구성해 일합니다.

연출자: 콘텐츠 제작 전체를 관리합니다.

작가: 기획 의도에 맞는 자막과 대본을 구성합니다.

촬영 감독: 카메라의 구도와 조명, 음향을 조절합니다.

편집자: 영상 중 불필요한 부분은 없애 분량을 조절하고 특수 효과를 넣습니다.

둘 유튜브 자막 번역가

인터넷 방송은 전 세계 어디서든 클릭 한 번이면 쉽게 시청할 수 있습니다. 따라서 국내 크리에이터라고 해서 시청자가 모두 한국인은 아닙니다. 점점 많은 영상에 외국어 자막을 넣는 이

유도 이 때문입니다. 영상 자막을 전문으로 번역하는 사람은 크리에이터의 매력이 돋보이도록 영상에 어울리는 쉽고 재미있는 표현으로 번역합니다.

콘텐츠 모더레이터

1인 미디어는 개인이 자유롭게 정보를 올릴 수 있다는 점이 최대의 장점이지만, 그로 인해 발생하는 위험성도 있습니다. 폭력적이고 선정적인 유해 영상을 업로드할 수 있기 때문이지요. 이를 막기 위해 실시간으로 올라오는 콘텐츠를 모니터하고 유해한 콘텐츠는 삭제하는 직업이 생겨났는데 이를 '콘텐츠 모더레이터'라고 합니다. 모더레이터(moderator)란 회의나 토론 진행의 사회자, 중재자를 말합니다. 이외에도 비슷한 직업으로는 '채팅방 운영자'가 있습니다. 생방송을 진행할 때 욕설이나 부적절한 대화를 지속적으로 올리며 영상의 분위기를 흐리는 시청자를 퇴장시키는 일을 합니다.

 콘텐츠 큐레이터

ASMR 콘텐츠 촬영 모습

큐레이터(curator)는 본래 박물관이나 미술관에서 작품을 수집하고 관리하며 전시회를 기획하는 사람입니다. 이와 마찬가지로 영상 콘텐츠를 관리하여 적절히 배열하고 사람들에게 추천하는 것이 바로 콘텐츠 큐레이터입니다. 예를 들어 유튜브에는 하루에도 셀 수 없을 정도로 많은 ASMR 영상이 올라옵니다. 'ASMR(autonomous sensory meridian response)'이란 외부에서 느끼는 감각적 자극에 반응하여 나타나는 심리적 안정감이나 쾌감을 뜻하는 영어의 줄임말로 국내에서는 주로 청각을 중심으로 한 콘텐츠를 말합니다. 이때 자연의 소리들을 모아 '자기 전에 들으면 마음이 편안한 ASMR'이란 콘텐츠를 제공하는 것이지요. 일일이 영상을 고를 시간이 없는 바쁜 현대인에게는 이러한 서비스가 매우 유용할 것입니다.

7장

샌드박스 네트워크의 탄생

> "
> 아직 국내에선
> 유튜버가 직업으로 인정받지 못하고
> 있잖아. 유튜버를 '크리에이터'로
> 인식해 줬으면 해. 그 일을 할 수 있는
> 사람이 나라고 생각해.
> "

2014년 여름, 미국 LA에서 열린 제5회 *비드콘에 친구 이필성과 함께 방문했습니다. 도티는 이미 크리에이터로서 인기를 얻고 있었지만 안주하지 않았습니다.

*비드콘: 비디오(Video)+컨퍼런스(Conference)를 합친 말로 세계 최대의 동영상 축제

Welcome to VidCon

LET YOUR VOICE
BE HEARD

정말 멋진 기술이야.
나중에 이런 장비로
촬영하고 싶어.

와, 처음 보는 장비야. 굉장해!

하루가 다르게 발전하는 미디어 환경과 영상 기술을 누구보다 빠르게 직접 배워 새로운 콘텐츠를 제작하는 데에 밑거름으로 삼고자 했습니다.

넌 힘들지도 않냐? 우리 온종일 쉬지도 않고 걸어 다녔어.

저쪽으로 가 보자.

탁

딱 저기 한군데만 더 보고 쉬자. 응?

그래, 도티 님을 누가 말리겠어.

얼마 전

여보세요?

유튜버 도티 님, 안녕하세요? 영상은 재미있게 보고 있습니다. 저희와 함께 일하실 생각 없으세요?

정말요? 감사합니다! 그럼 내일 찾아뵐게요!

꼭 가고 싶던 회사와 함께할 수 있는 기회가 오다니, 꿈만 같아.

이곳의 창작 환경이 나와 잘 맞는 걸까?

도티 님, 이번 달 정산 내역 확인해 주세요.

아, 네.

흠. 이 회사에 들어오기 위해 열심히 노력하고 내 성과에 만족하며 일했는데…….

많은 이들이 선망하는 회사에서 실력을 인정받으며 열심히 일하던 필성에게 도티와의 사업을 위한 퇴사는 쉬운 결정이 아니었습니다.

상업 이야
마케팅이란?

필성이의 생각을 존중해 줘야지. 많은 도움을 받고 있으니 지금처럼만 하면 혼자서도 얼마든지 잘할 수 있어.

2014년 11월

SANDBOX NETWORK

좋았어. 이제 시작이야!

도티는 부푼 꿈을 안고 마침내 '샌드박스 네트워크'라는 MCN 회사를 설립했습니다.

이 유튜브 영상이 요새 인기인 것 같아요. 어때요?

저도 눈여겨보고 있었어요. 도티 님.

벌컥

희선아. 아니, 대표님.

왔어? 이쪽으로 와.

그러던 중, 이 분야의 사업이 크게 주목을 받기 시작했습니다. 무엇보다 도티의 에너지에 필성은 결국 마음을 바꾸기로 결심했습니다.

바쁠 텐데 와 줘서 고마워.

회사 일하며, 매일 영상 올리는 네가 더 바쁘지.

정말 이제 함께하기로 한 거야?

많이 고민했는데 너에 대한 믿음이 커서 결정을 내렸어. 미국에서 이 시장의 변화를 읽었기 때문에 확신도 있고.

다음에 만나는 투자자도 같은 얘길하겠지?

지금까지 만난 투자자들은 그들의 판단을 믿은 거야. 우린 우리의 판단을 믿으면 돼!

다른 사람들의 판단 때문에 우리가 희망을 버릴 필요는 없지.

그래. 그때 비드콘에서 본 건 분명한 현실이었으니까.

맞아. 그리고 우리가 함께 만들어 갈 미래이기도 하고!

그렇게 새로운 도전을 포기하지 않았던 두 사람은 결국 이 분야의 비전을 믿어 주는 투자자를 만났습니다.

야호! 이제부터 진짜 시작이다!

그럼 이만 뿅~!

이번 에피소드에 함께 *컬래버레이션 하면 좋을 크리에이터 리스트 확인 하셨나요?

주제와 잘 어울리고 재미있어 보여요.

도티는 회사를 운영하는 와중에도 크리에이터로서 자신의 콘텐츠 제작을 하루도 빼놓지 않고 꾸준히 이어 나가는 초인적인 성실함을 보여 주었습니다.

하하. 귀엽다.

오늘 우리 집에 모여서 도티 님 방송 보기로 한 거 안 잊었지?

응. 같이 가!

그건 자신의 방송을 기다리는 수많은 구독자들과의 약속을 지키기 위함이었습니다.

*컬래버레이션: 같은 목표를 세우고 일시적으로 팀을 이루어 함께 작업하는 일

2016년 9월, 그런 노력 덕분에 100만 구독자를 달성하며
골드 플레이 버튼 상을 받았습니다.

축하합니다!

모두 함께 받는
상이에요!

유튜브 의존 비율을 낮추고
'도티'를 브랜드화 시키면 어떨까?

'도티'를 캐릭터로
만드는 거야. 유아, 성인을 대표할
캐릭터가 있는 것처럼 십 대를 위한
캐릭터로 성장하고 싶어.

좋은 생각이야.

미래의
미디어 세상

미래의 미디어는 4차 산업 혁명과 맞물려
큰 변화를 맞이할 것입니다. 앞으로 다가올
미래의 미디어는 어떤 모습일까요?
또 변화된 미디어 환경이 우리 생활에
어떤 영향을 끼치게 될지도 알아봅시다.

하나 사라지는 미디어 간 경계

미래에는 매스 미디어와 뉴 미디어의 구분이
무의미하게 될 것입니다. 현재도 스마트 TV로
인터넷에 접속하고 인터넷으로 TV 프로그램을
보는 경우가 많지요. 또한 인기 크리에이터가
TV 방송에 출연하고, TV 방송 또한 유튜브를
통해 프로그램을 홍보하는 모습을 자주 접하게
됩니다. 이러한 현상은 사물 인터넷의 발달로
사람과 모든 사물이 연결되는 미래에는 더욱
심화되고, 항상 네트워크에 연결된 상태인 웨어
러블 미디어 시대를 맞이하게 될 것입니다.

둘 개인 맞춤형 미디어

머지않아 원하는 정보를 실시간으로 받는 환경
이 될 것입니다. 그렇다면 어떻게 미디어가 나의
취향에 맞추어 원하는 정보를 빠르게 제공하게
될까요? 다음과 같은 과정으로 설명할 수 있습
니다.

● 포털 사이트에서 검색을 하거나 SNS에서 '좋아요'를 눌러 관심을 표현한 영상의 정보들은 모두 빅 데이터로 저장됩니다.

● 빅 데이터를 토대로 인공 지능이 나의 취향을 분석하여 맞춤 콘텐츠를 제공합니다.

이렇게 되면 시청자는 자신이 원하는 콘텐츠를 찾기 위해 시간을 낭비하지 않아도 되고, 콘텐츠를 제공하는 사람은 홍보 시간을 단축할 수 있어 모두 만족하게 됩니다.

셋 가상 현실 미디어

장치를 착용하고 가상 현실을 체험하는 모습

미디어는 인간의 감각 중 시각과 청각에 의존합니다. 하지만 곧 가상 현실 기술의 발달로 미디어에 촉각, 후각, 미각 등의 감각을 활용할 수 있게 됩니다. 예를 들어 먹방을 시청할 때는 시청자도 같이 맛을 느끼게 됩니다. 또 여행 영상을 볼 때는 살랑살랑 불어오는 바람과 향기로운 꽃 냄새도 느낄 수 있겠지요. 또 내가 좋아하는 크리에이터를 가상의 공간에서 만나 함께 소통하는 일도 가능할 것으로 보입니다.

아직까지는 머리에 장착하는 디스플레이 장치를 통해 가상 현실을 체험하는 것이 가능합니다. 무서운 좀비가 코앞에 있는 것처럼 느껴지거나, 실제로 롤러코스터를 타는 경험도 할 수 있어요.

4차 산업 혁명 키워드

✦ 웨어러블
손목, 팔, 머리 등 몸에 지니고 다닐 수 있는 정보 통신 기기와 기술

✦ 사물 인터넷
사람, 사물, 서비스 등이 서로 연결되어 정보를 주고받는 시스템

✦ 인공 지능
컴퓨터가 사람처럼 스스로 학습하고 판단하는 기술

✦ 빅 데이터
개인 컴퓨터, 스마트폰 등의 사용으로 생성되는 엄청난 양의 정보

✦ 가상 현실
실제 현실처럼 느끼도록 꾸며 놓은 가상의 디지털 공간

8장

다시 출발선에

"
새로운 도전이지!
아직 가 보지 않았던 세계로
모험을 떠나는 거야!
"

필성아, 나⋯⋯
긴장돼.

어제부터 연락도
안 받고, 왜 여태
안 오는 거야?

그게 무슨
말이야?

내 콘텐츠를 찾아
주는 팬들은 하루가
다르게 성장해 가는데,
나는 계속 제자리였어.

그렇게 몇 년 동안 쉴 틈 없이 콘텐츠 제작과 회사 일에 전념하던
도티에게 갑자기 뜻하지 않은 일이 찾아왔습니다.

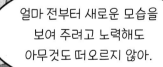

얼마 전부터 새로운 모습을
보여 주려고 노력해도
아무것도 떠오르지 않아.

아픈 만큼 성장한다고 했어. 지금의 고통은 앞으로의 밑거름이 될 거야.

그리고 지금까지 나를 있게 해 준 팬들을 잊지 말자.

약을 복용하며 휴식기를 가진 도티는 점점 안정을 되찾았습니다.

수락해 주셔서 감사합니다. 그때 뵐게요.

생각만으로도 마음이 가벼워졌어. 잘할 수 있겠지?

딩동

그리고 이듬해인 2019년 봄. 도티는 용기를 내어 동료 크리에이터가 진행하는 유튜브 방송을 통해 자신의 팬들에게 그동안의 상황을 알리기로 결정했습니다.

갑작스럽게 방송을 중단하게 되어 기다려 주신 분들께 죄송한 마음이 큽니다.

많이 힘드셨을 것 같아요.

사정을 알게 된 팬들은 도티의 마음을 따뜻하게 감싸 주었습니다.

도티 님도 우리 같은 사람이었어.

도티 님, 다 나을 때까지 기다릴게요.

도티 님, 힘들면 쉬어도 돼요!

감사합니다.

도티가 팬들의 이야기에 귀를 기울이고 마음을 감싸 주었던 것처럼 말입니다.

다시 활동을 시작해도 괜찮겠어?

팬들의 응원이 너무 큰 힘이 됐어! 그런 팬들의 마음과 기대를 저버릴 수는 없지.

좋았어! 그럼 무엇부터 시작할까?

생각해 둔 게 있는데 말이야.

뭔데?

TV 프로그램? 한 번도 해 보지 않았던 건데 힘들지 않겠어?

새로운 도전이지!
아직 가 보지 않았던
세계로 모험을 떠나는
거야!

다시 돌아왔구나.

힘든 시기를 잘 이겨 낸 도티는 이미 탄탄하게 다져
두었던 분야에 안주하지 않고, 또다시 새로운 모험을
시작했습니다.

오늘은 초등학생들의 대통령
이라고 불리는 크리에이터 도티,
나희선 씨를 모셨습니다!

안녕하세요.
크리에이터 도티
입니다.

고생하셨습니다!

오늘 방송 정말 잘하던데요?

자, 내일도 힘차게!

인기 크리에이터, 성공한 사업가, 예능과 교양 등 다양한 분야의 방송까지 섭렵한 도티. 아니, 나희선.

초통령 도티의 첫 방송

실패를 두려워하지 않는 팔방미인 나희선의 도전은 앞으로도 계속될 것입니다.

저는 책과 게임을 좋아하는
평범한 학창 시절을 보냈지만,
항상 새로운 것에 대한
호기심이 많았던 것 같아요.
실패하면 어때요?

우리 모두
처음이잖아요!
새로운 것에
대한 도전,
그 자체로도
충분히
훌륭합니다!

여러분의 도전을 저, 도티가 언제나
응원합니다. 읽어 주셔서 감사합니다.
안녕! 뿅!

생각해 보기

> 책을 다 읽은 뒤 내용을 되새기고
> 생각하는 시간도 필요합니다.
> 책에 대해 주변 사람들과 함께
> 이야기 나누면 더욱 좋아요!

초통령, 도티 님이 궁금해!

도티 님도 힘든 시절이 있었을까?

어린 시절, 작은 키 때문에 세상을 원망한 적이 있습니다. 하지만 타고나는 것을 원망하는 것은 시간 낭비라는 생각이 들었어요. 단점에 집착하기보다 다른 장점을 키우기로 했지요. 또 크리에이터 활동을 하던 중에 위기가 찾아왔어요. 앞만 보고 달리다가 건강이 악화됐는데, 한 발짝 거리를 두고 휴식을 취한 덕분에 회복할 수 있었습니다.

도티 님의 성공 비결은 무엇일까?

저는 책을 좋아하는 학생이었습니다. 또 친구들을 재미있게 해 주고 싶어서 초등학교 시절, 전교 어린이 회장을 맡기도 했지요. 이러한 경험은 크리에이터로서 성공하는 데 도움이 되었어요. 여러 사람과 소통하고 문제를 해결하는 능력을 키운 것이죠. 또 제게는 '*덕후'의 기질이 있어요. 진심으로 좋아하는 마음이 무엇인지 알기에 팬들에게 받은 사랑에 보답하기 위해 노력합니다.

*덕후: 어떤 분야나 사람에게 열정을 가지고 몰두한다는 뜻의 인터넷 용어

앞으로의 목표

2017년 케이블 TV 방송 대상에서 1인 크리에이터 대상을 수상했을 때 "끝까지 크리에이터로 살고 싶다."라고 말했습니다. 할아버지가 되어서도 유튜브를 하는 것이 꿈이지요. 뿐만 아니라 다양한 채널에서 유익하고 재미있는 콘텐츠로 만나고 싶어요.

크리에이터를 꿈꾸는 분들에게

성공과 수익, 구독자 수나 조회 수에 연연하지 말고 내가 진심으로 좋아하는 것, 잘할 수 있는 것을 많은 사람들과 나누고 싶다는 마음으로 방송을 시작하세요. 하지만 즐겁게 일하되 반드시 책임감을 가져야 합니다. 많은 사람들이 게임 방송을 진행하는 크리에이터를 보며 쉬운 직업이라고 생각하기도 해요. 하지만 방송에서의 모습은 크리에이터 삶의 아주 일부분이라는 걸 명심하세요.

끊임없이 고민하고 노력할 준비가 되어야 비로소 크리에이터에 도전할 수 있습니다.

도티의 본캐, 나희선

유튜브를 통해 도티에 몰두하면서 도티는 계속 성장하는 반면 나희선은 변한 게 없다고 생각했어요. 나희선은 의미가 없는 사람이 되는 건 아닐까 불안해졌어요. 이제는 나희선으로 새로운 도전을 시작했어요. 강연에서 팬들과 만나서 이야기를 들려주고, TV 프로그램에서 나희선의 모습을 보여 주었죠. 도티와 나희선, 함께 성장하는 모습을 보여 드리고 싶어요.

 도티 연표

12월 10일 충청도 출생	**3**월 연세 대학교 입학	**10**월 유튜브 방송 시작	**5**월 아프리카TV 베스트 BJ에 선정 **7**월 유튜브 구독자 10만 명 달성 **11**월 샌드박스 네트워크 설립
1986	**2005**	**2013**	**2014**

2017

- **1**월 유튜브 누적 조회 수 10억 뷰 달성
- **2**월 케이블 TV 방송 대상에서 크리에이터 부문 대상 수상
- **3**월 한국 게임 유튜브 구독자 수 1위 달성
- **4**월 유튜브 구독자 190만 명 달성
- **5**월 초등학생이 닮고 싶어 하는 인물 3위 선정
  도도한 친구들 멤버와 함께 음악 앨범 발매

2018

- **2**월 한국 모바일 게임 협회에서 공로패 수여함
- **5**월 비영리재단 카카오임팩트 이사직 임명
- **7**월 유튜브 누적 조회 수 20억 뷰 달성
- **9**월 대한민국 브랜드 대상에서 디지털 부문 최우수상 수상

5_월 유튜브 누적 조회 수 1억 뷰 달성

7_월 도티 box 애플리케이션 출시

9_월 유튜브 구독자 50만 명 달성

4_월 연세 대학교 졸업

8_월 유튜브 골드 플레이 버튼 상 수상

2015

2016

초통령 도티의 첫 방송

2019

2020

2_월 유튜브 구독자 250만 명 달성

4_월 휴식 및 채널 재정비 선언

6_월 TV 프로그램 출연하여 인터넷 사이트 검색어 1위

8_월 인천 국제 1인 미디어 페스티벌 대상 수상

11_월 TV 프로그램 <문제적 남자> 고정 멤버 합류

12_월 부산에서 단독 토크 콘서트 개최
MBC 연예 대상에 시상자로 참석
초등학생이 꼽은 올해 기억에 남는 인물 2위 선정

1_월 <안물안궁> 토크 콘서트 개최

2_월 유튜브 채널 복귀

3_월 네이버 라디오앱 <오구오구> 진행

5_월 청와대와 협력 제작한 어린이날 특별 영상 공개

6_월 정보 문화의 달 홍보 대사 위촉
브랜드 고객 충성도 대상

내가 도티라면?

첫 번째 상황

도티는 어렸을 때부터 책을 좋아하고 글을 잘 썼기 때문에 대학에 입학하여 국어 국문학과를 선택했습니다. 하지만 국문학 공부가 자신과 맞지 않다고 여겼습니다. 만약 나라면 흥미가 없는 수업을 계속 들을 것인지, 다른 학과에서 처음부터 새롭게 시작할 것인지 생각해 보세요. 또한 좋아하는 과목과 이유도 적어 보세요.

나라면⋯⋯

_____

_____

_____

_____

_____

두 번째 상황

도티와 친구 이필성은 샌드박스 네트워크를 창립하고 부족한 사업 자금을 마련하기 위해 투자자를 찾아 나섭니다. 그리고 여러 투자자들의 부정적인 의견에도 뜻을 굽히지 않았습니다.

나와 반대 의견을 가진 사람을 어떻게 설득할 수 있을까요? 누군가를 설득하기 위해서 어떠한 태도를 가져야 할지 생각해 보세요.

나라면……

_____

_____

_____

_____

_____

내가 좋아하는 크리에이터

여러분이 가장 좋아하는 유튜브 크리에이터를 소개해 주세요. 내가 왜 그 크리에이터를 좋아하는지 다음 질문에 하나하나 답하며 생각해 봅시다.

크리에이터의 이름과 분야

이름: _____ 콘텐츠 분야: _____

이름: _____ 콘텐츠 분야: _____

이름: _____ 콘텐츠 분야: _____

크리에이터의 매력

내가 좋아하는 크리에이터를 캐릭터로 그려 보고, 매력 포인트를 적어 보세요.

가장 재미있게 본 영상

영상 제목	내 용	재미있게 본 이유

크리에이터에게 보내는 편지

나만의 콘텐츠 기획하기 ★

누구나 스마트폰 하나만 있으면 크리에이터에 도전할 수 있어요. 자, 그럼 여러분이 크리에이터가 됐다고 생각하고 나만의 재미있는 콘텐츠를 기획해 봅시다.

채널명 만들기

_____

콘텐츠 분야: **시청자 연령대:**   **러닝 타임:**

_____   _____   _____

영상 개요 짜기

촬영 전에 영상에 어떤 내용이 들어갈지 간략하게 정리하는 순서입니다.

처음, 중간, 끝으로 나누어 생각해 보세요.

처음	중간	끝

영상 한 줄 소개

섬네일

섬네일은 영상의 미리 보기입니다. 시청자의 흥미를 끌 수 있도록 개성 넘치는 섬네일을
만들어 보세요.

구독자 애칭은?

내 채널을 구독할 시청자들에게 특별한 별명을 지어 주세요.

who? 스페셜

도티

초판 1쇄 발행 2020년 7월 1일
초판 4쇄 발행 2024년 7월 1일

글 김현수 **그림** 유희석 **감수** 나희선 **표지화** 신춘성

펴낸이 김선식
펴낸곳 다산북스

부사장 김은영
어린이사업부총괄이사 이유남
디자인 김은지 **책임마케터** 안호성
어린이콘텐츠사업1팀장 최인수 **어린이콘텐츠사업1팀** 김은지 박세미 강푸른
마케팅본부장 권장규 **마케팅3팀** 최민용 안호성 박상준 송지은
미디어홍보본부장 정명찬
편집관리팀 조세현 김호주 백설희 **저작권팀** 한승빈 이슬 윤제희 **제휴홍보팀** 류승은 문윤정 이예주
재무관리팀 하미선 윤이경 김재경 이보람 임혜정
인사총무팀 강미숙 지석배 김혜진 황종원
제작관리팀 이소현 김소영 김진경 최완규 이지우 박예찬
물류관리팀 김형기 김선민 주정훈 김선진 한유현 전태연 양문현 이민운

출판등록 2005년 12월 23일 제313-2005-00277호
주소 경기도 파주시 회동길 490
전화 02-704-1724 **팩스** 02-703-2219
다산어린이 카페 cafe.naver.com/dasankids **다산어린이 블로그** blog.naver.com/stdasan
종이 신승INC **인쇄** 민언프린텍 **코팅 및 후가공** 제이오엘앤피 **제본** 대원바인더리

ISBN 979-11-306-5338-9 14990

+ 책값은 표지 뒤쪽에 있습니다.
+ 파본은 본사와 구입하신 서점에서 교환해 드립니다.
+ 이 책은 저작권법에 의하여 보호를 받는 저작물이므로 무단 전재와 복제를 금합니다.
+ 이 책에 실린 사진의 출처는 셔터스톡 등입니다.

KC	**품명:** 도서 ǀ **제조자명:** 다산북스
	제조국명: 대한민국 ǀ **전화번호:** 02)704-1724
	주소: 경기도 파주시 회동길 490
	제조년월: 판권 별도 표기 ǀ **사용연령:** 8세 이상

※ KC마크는 이 제품이 공통안전기준에 적합하였음을 의미합니다.